LES

ARMES DE GUERRE

A L'EXPOSITION UNIVERSELLE

DE 1867

PAR

LÉON MARÈS

PARIS

TANERA, LIBRAIRE-ÉDITEUR, 6, RUE DE SAVOIE

MONTPELLIER

SEGUIN, LIBRAIRE, RUE ARGENTERIE

1867

LES

ARMES DE GUERRE

A L'EXPOSITION UNIVERSELLE DE 1867

LES
ARMES DE GUERRE

A L'EXPOSITION UNIVERSELLE

DE 1867

PAR

LÉON MARÈS

PARIS

TANERA, LIBRAIRE-ÉDITEUR, 6, RUE DE SAVOIE

MONTPELLIER

SEGUIN, LIBRAIRE, RUE ARGENTERIE

—

1867

Montpellier. — Typographie de P. GROLLIER, rue du Bayle, 10.

Le travail que nous publions ici avait été composé
pour être inséré dans la *Revue Nationale*. La plus grande
partie de ce qui a trait aux fusils a paru dans le numéro
du 5 octobre 1867 de cette Revue. Le directeur ayant
fait divers retranchements et une addition qui motiva
une réclamation de l'auteur, celui-ci a cru devoir pu-
blier *in extenso* l'article tel qu'il avait été primitivement
écrit.

LES

ARMES DE GUERRE

A L'EXPOSITION UNIVERSELLE DE 1867

Il est deux manières de s'occuper de tout ce qui tient à l'industrie ; on peut entrer dans tous les détails d'une fabrication, examiner les progrès réalisés pour chacun d'eux, exposer ensuite, au point de vue technique et spécial, aussi bien qu'au point de vue commercial et économique, l'ensemble des modifications survenues dans l'industrie dont on s'occupe ; ou bien l'on peut négliger tout cela, considérer la valeur d'une industrie principalement au point de vue de son influence sociale, n'accorder au technique que l'indispensable, et s'adresser surtout aux gens qui veulent même, en dehors de leur spécialité, avoir des clartés sur tout, et sont bien aise de se tenir, sans fatigue, au courant de toutes les nouveautés importantes. — C'est là ce que nous avons cherché à faire pour les armes.

Il y a bien longtemps que les hommes ont appliqué toute leur science et toute leur habileté à chercher les moyens de s'entre-détruire. La guerre une fois déclarée, le succès devient l'unique intérêt des combattants, puisque la vie et les biens en dépendent; aussi, de tous temps, les armes ont été les meilleurs de tous les produits manufacturés. — Point d'acier trop fin pour la lame des épées, point de ciselure trop achevée pour leur garde. — Les armes d'Achille furent le chef-d'œuvre de Vulcain, et de nos jours rien n'est plus remarquable, au point de vue de la perfection de l'ensemble et des détails, que les armes de luxe dont l'Exposition offre de nombreux et remarquables échantillons.

On peut dire, d'une manière générale, que la fabrication des armes de luxe, et d'ordonnance [1], est excellente. — Ces dernières se paient à raison de leur valeur industrielle, et les autres fort au-dessus. Quant aux armes de pacotille, leur bon marché est prodigieux : on voit de petits fusils à un coup qui coûtent 5 fr., des fusils de traite [2] forme de fusils de boucaniers, à pierre, avec un long canon, qui coûtent 8 à 10 fr.; des fusils à deux coups à percussion qui ne coûtent que 14 fr., et des fusils à deux coups sérieux, dont les canons ont subi l'épreuve et dont les ressorts marchent bien, pour 52 fr. [3]

[1] Armes en service dans les armées.

[2] Nous désignons ainsi les armes destinées surtout à être expédiées dans les colonies de l'extrême Orient, ou même chez les sauvages.

[3] Le tout pris en fabrique à Liége.

— Mais tout cela s'est vu aux expositions précédentes. Ce qu'on n'y voyait pas, c'était cette nombreuse famille de fusils se chargeant par la culasse que MM. Dreyse [1] et Sadowa ont fait éclore, et dont nous parlerons tout à l'heure avec détail ; c'était cette autre famille, moins nombreuse, mais en apparence beaucoup plus formidable, de ces énormes canons qui envoient la mort compliquée d'incendies et d'explosions épouvantables à des distances qui étonnent l'imagination et qui paraissent tout à fait invraisemblables. Nous parlerons surtout au lecteur de ces choses nouvelles ; il y a là pour lui un autre attrait que la simple curiosité. L'air est plein de bruits alarmants sur ces fusils d'une portée et d'une précision effrayante, qui tirent dix coups par minute ; — sur ces canons dont les boulets, de 100 à 1,000 kilogr., brisent des murailles de fer de 54 centimètres, traversent les navires cuirassés, pénètrent de 3 mètres dans la maçonnerie, produisent, dans les buts qu'ils frappent, d'épouvantables ravages. Il est bon que le public soit éclairé à ce sujet ; tout ce qu'on dit est plus ou moins vrai ; mais ce qui est surtout vrai, c'est que les ressources de l'esprit de l'homme sont infinies, c'est que la force qui domine le canon c'est l'intelligence, c'est que ces moyens de destruction, de plus en plus favorables à la défense contre l'attaque, deviendront nécessairement des raisons de paix, de civilisation et de liberté.

[1] Inventeur du fusil à aiguille prussien.

I

Nous parlerons d'abord très-sommairement des armes qu'on appelle *armes blanches*, par opposition aux armes à feu ; elles servent au combat corps à corps. Autrefois elles décidaient habituellement la victoire, aujourd'hui elles la décident bien rarement, mais elles l'achèvent parfois, et leur effet moral dépasse souvent l'effet plus destructeur des armes à feu. Plusieurs peuples de l'Europe, et presque tous ceux de l'Orient, ont exposé des armes blanches. — Les armes de luxe parisiennes ont été justement remarquées ; on voit, dans les vitrines de la fabrique renommée de Tolède, une de ces lames qui joignent la raideur de l'épée à la souplesse du ressort, et qui, pliées avec effort et enroulées en spirale, se redressent et reprennent leur forme rectiligne quand on cesse de les contraindre. Cela est très-remarquable, mais ce n'est pas nouveau, pas plus que la riche collection des damas orientaux, avec lesquels rivalisent les lames nouvelles en acier fondu et les damas de nos armes de luxe. On a exposé quelques sabres-baïonnettes ; cette arme, qui est très-effrayante à la vue et qui est adoptée pour le nouveau fusil Chassepot, nous paraît trop lourde au bout de fusils qui deviennent de plus en plus presque exclusivement armes de jet ; nous ne croyons pas qu'elle remplace avantageusement nos vieilles baïonnettes triangulaires. Quelques cuirasses paraissent aussi à l'Exposition ; on en fait de relativement très-légères en acier, qui résistent parfaitement aux balles ; — mais l'arme défensive la plus curieuse est la cotte de mailles du cavalier japonais, armé de l'arc du sabre et du poignard, et qui rappelle le cavalier sarrasin du moyen âge. Nous n'entrerons dans aucun détail sur la fabrication et les prix de toutes ces armes, cela serait tout à fait hors du cadre de notre travail, et nous allons en aborder immédiatement la partie la plus importante, celle qui a pour objet les armes à feu portatives.

Tout le monde connait le fusil, et chacun pense qu'il suffit d'en avoir un bon pour bien s'en servir, quand on a l'œil sûr, les nerfs solides et qu'on possède un grand sang-froid ; cela est vrai, mais ce qu'on ignore généralement, c'est qu'avant les perfectionnements de cette arme qui ne datent que de peu d'années, l'armée ne possédait pas un seul bon fusil, et qu'à des distances relativement faibles, cette arme avait si peu de précision qu'elle ne pouvait même pas utiliser l'adresse d'un tireur ordinaire. Aussi le feu de la mousqueterie, si redoutable à bout portant, était-il tellement méprisable dans son ensemble qu'il fallait 10,000 coups de fusil pour tuer un homme, d'après le major Deker et le colonel Piobert, et sur les relevés faits du nombre de militaires mis hors de combat et du nombre de cartouches brûlées durant les guerres de la République et de l'Empire. Ces résultats avaient une cause principale : l'irrégularité du tir des fusils de munition ; et cette irrégularité venait des conditions du chargement. La cartouche se compose, comme on sait, d'un petit sac en papier contenant la poudre et la balle. Le soldat déchire la cartouche et la précipite au fond de l'arme avec la baguette de fer ; pour que ce mouvement se fasse avec rapidité, il faut que le calibre de la balle soit sensiblement plus petit que celui de l'arme. Cette différence de calibre qu'on appelle le *vent*, s'élevait de 1 millimètre à 1 millimètre 1|2 dans les fusils des armées européennes. C'est ce *vent* qui est la cause capitale des irrégularités de tir du fusil. Au moment de l'explosion, la balle reposant librement sur la poudre, d'une part était projetée en avant par l'explosion, et de l'autre sollicitée inégalement et en divers sens par les gaz qui s'échappaient entre sa surface et les parois du canon ; l'action de ces gaz, selon qu'elle est plus forte d'un côté ou de l'autre, pousse la balle alternativement contre les parois du canon, jusqu'au moment où, sortant de la bouche de l'arme, elle suit, par la continuité de ces ballottements au dehors, une direction autre que celle de l'axe du canon pointé vers le but. D'autres causes d'erreur s'ajoutent à cette cause principale. Les fusils de chasse chargés avec une balle d'un calibre presque identique à celui du canon, enveloppée d'un morceau d'étoffe et séparée de la poudre par une bourre, donnaient des résultats beaucoup meilleurs comme précision, mais à une certaine distance, des mouvements de rotation irréguliers amenés par la résistance de l'air, et quelques irrégularités dans la position du centre de gravité du projectile, troublaient la précision du tir. Pour arriver à obtenir toute la régularité de tir et toute la portée dont le fusil est susceptible, il a fallu lui appliquer un procédé que nous allons décrire et que l'on appelle la *rayure en hélice*.

Si l'on prend un canon de fusil d'une épaisseur suffisante, bien poli, bien dressé, d'une longueur de 1 mètre par exemple, et qu'au moyen d'un procédé mécanique quelconque, on creuse un certain nombre de rayures de largeur et de profondeur identiques, également éloignées les unes des autres, sur la paroi intérieure de ce canon; si ces rayures, au lieu d'être creusées parallèlement à l'axe du canon, tournent régulièrement autour de cet axe, de manière à ce que celles qui commencent d'un côté de l'axe à la bouche du canon viennent se terminer au tonnerre du côté opposé, ce canon sera rayé régulièrement en hélice; et si, le canon ayant 1 mètre de longueur, la rayure fait un tour complet de la bouche au tonnerre, on dira que le *pas de l'hélice* est de 1 mètre. En coupant ce canon à diverses longueurs, 80, 60, 50 centimètres, on produirait des canons de pareilles longueurs, rayés en hélice au pas de 1 mètre. Un canon de fusil *rayé en hélice* est une *carabine*; la longueur du canon, son épaisseur, son calibre, sont variables; le pas de l'hélice est aussi variable, mais c'est la rayure en hélice qui donne à la carabine ses propriétés spéciales, et qui constitue sa différence avec le fusil; de façon qu'au point de vue de la justesse et de la portée, on pourrait diviser toutes les armes à feu, depuis le pistolet de poche jusqu'au canon d'artillerie, en deux grands genres : le genre carabine, rayé en hélice ; le genre fusil, à canon lisse sans rayure. Si l'on charge la carabine rayée dont nous avons donné la description avec de la poudre et une balle d'un calibre un peu plus fort que celui du canon, enfoncée au maillet, et qui se moule dans les rayures à la bouche, cette balle suivra les rayures, en tournant autour de l'axe du canon sous l'action de la baguette, qui la fera descendre jusque sur la poudre. Au moment où le coup partira, cette balle reprendra, pour sortir du canon, le même chemin qu'elle avait suivi pour y entrer, c'est-à-dire qu'elle décrira, du tonnerre à la bouche, un tour ou une fraction de tour sur elle-même, et elle conservera pendant tout le temps de son trajet jusqu'au but ce mouvement giratoire autour de son axe ; et si, pour fixer les idées, nous admettons que le pas de l'hélice est de 1 mètre et que la balle est animée d'une vitesse de 300 mètres par seconde, elle marchera vers le but avec un mouvement de rotation d'une rapidité de 300 tours par seconde. Cette rapidité de rotation produira deux effets capitaux : premièrement, elle fixera la direction du mouvement de la balle en empêchant tout autre mouvement irrégulier de rotation ; deuxièmement, elle maintiendra constamment en avant la partie antérieure du projectile, ce qui permettra de donner à cette partie antérieure la forme la plus convenable pour vaincre la résistance de l'air.

Il y a plus de 300 ans que la carabine rayée est employée habituellement au tir, à la chasse et à la guerre, par les Suisses et les Tyroliens. C'est à elle, autant qu'à leurs qualités militaires, que ces peuples ont dû leur réputation d'adroits tireurs et de soldats exceptionnellement redoutables, dans des pays tout à fait propres à la guerre défensive ; mais cette arme était très-peu connue en France, et la difficulté de son chargement avait généralement fait renoncer à l'employer dans les armées européennes. Il y a près de quarante ans qu'un officier français, M. Delvigne, eut l'idée que l'on pourrait appliquer la carabine à l'armement de toute l'infanterie, depuis ce temps de nombreux essais ont été faits et de nombreux résultats obtenus dans la voie qu'il avait ouverte.

Les principaux travaux entrepris jusqu'à l'année dernière par les gouvernements européens pour l'amélioration des armes à feu peuvent se résumer ainsi : perfectionnement de la carabine rayée, et son application à l'armement des troupes ; études sur la rayure et les projectiles du canon d'artillerie. — La Prusse seule avait attribué une importance convenable à un autre côté de la question, celle du mode de chargement.

Dès l'origine des armes à feu, on avait eu simultanément l'idée de les charger par la bouche et par la culasse ; — ce dernier mode de chargement paraissait tout d'abord le meilleur, il était plus rapide, moins dangereux ; il permettait de supprimer le vent du projectile, et augmentait ainsi la précision du tir. Le seul empêchement à son application était la difficulté de fabriquer des armes convenables ; les mécanismes des culasses manquaient de solidité, compromettaient la sûreté des tireurs, où tout au moins, ils s'encrassaient et donnaient des crachements fort incommodes. — Cette idée constamment reprise fut toujours abandonnée pour les mêmes causes. — Le premier fusil se chargeant par la culasse qui soit entré dans la pratique du tir, est le fusil Lefaucheux, généralement adopté aujourd'hui par les chasseurs. Une modification insensible en apparence, un petit culot de cuivre adapté à la cartouche, empêche le crachement qui avait été l'écueil de tous les systèmes précédents. — Ce fusil ne fut pas adopté pour la guerre, mais sa pratique à la chasse put convaincre tous ceux qui s'en servaient des avantages immenses que présenterait sur le champ de bataille une arme appropriée aux services de la guerre et se chargeant par la culasse. — Les plus grands de ces avantages sont une très-grande célérité au moment décisif, et la facilité pour le soldat de charger et de tirer sans changer de position, ce qui permet de s'abriter plus facilement derrière les obstacles, et de tirer sur quatre rangs, les deux premiers à genoux, les deux seconds debout. — Quelques essais infructueux furent faits du temps de l'Empire, et plus tard, pour charger les armes par la culasse, mais ils n'aboutirent pas.

Pendant que tous ces essais étaient rejetés en France, le gouvernement prussien encourageait au contraire ceux de M. Dreyse. Cet armurier avait travaillé dans les ateliers de Paris au temps du premier Empire, et fut successivement amené à fabriquer l'arme qui est devenue le fusil à aiguille de Sadowa. L'existence de ce fusil, qui a été révélée au public par les victoires de la Prusse, n'était nullement un mystère pour les hommes spéciaux ; les Autrichiens, qui en ont été les victimes, avaient combattu dans le Schleswig à côté de troupes armées de ce fusil ; ils avaient donc pu en apprécier les qualités, mais ils avaient préféré n'en relever que les défauts, dont le principal était de ne pouvoir tirer plus d'un millier de coups, sans quelques légères réparations ; — il était cependant facile de s'apercevoir, avec un peu de réflexion, qu'un millier de coups suffit à dix grandes batailles, et qu'il n'en faut pas tant pour décider du sort d'un empire. En France, ce fusil était parfaitement connu. Voici ce que nous en disions nous-même dans un opuscule publié en 1857 [1] : « Les armes de guerre les plus remarquables que nous connaissions parmi celles qui ont été expérimentées ou mises en exercice, sont les carabines à aiguille prussiennes et le fusil rayé des cent-gardes. Il n'entre pas dans les limites de ce travail de donner aucun détail technique sur leur fabrication, nous dirons seulement, quant à la carabine à aiguille, par exemple, que la rapidité de son chargement est double de celle de nos fusils rayés, que les munitions pèsent près de deux fois moins et qu'elles sont, à peu de chose près, aussi efficaces aux distances qui n'excèdent pas 500 mètres. Ces avantages sont énormes, et cette arme, entre les mains de troupes d'élite, doit leur assurer un avantage décisif. Sans pouvoir préciser le nombre de soldats prus-

---

[1] *Armes à feu portatives propres à la guerre.* Tanera, éditeur, 1857.

siens armés de carabines à aiguille, nous croyons pouvoir affirmer qu'il est considérable, et qu'il constitue une partie notable de l'infanterie prussienne. — Le fusil des cent-gardes, inventé sur la demande de l'Empereur, par M. Treuille de Beaulieu, chef d'escadron d'artillerie et directeur de l'atelier de précision au dépôt central de l'artillerie, nous a paru être un véritable chef-d'œuvre de fabrication ; sa précision, sa portée, la facilité de son chargement, la tension de sa trajectoire, en font une arme qui paraît devoir être incomparable pour toutes les troupes d'infanterie ou de cavalerie qui sont appelées à faire le service de partisans, et qui peuvent être forcées successivement de ménager leurs munitions pour conserver leurs ressources défensives, ou de les prodiguer pour résister à l'attaque imprévue de forces supérieures. Cependant ce fusil n'ayant pas encore subi les épreuves de la guerre, nous ne pouvons pas affirmer qu'il soit bon de l'adopter. » — Nous avons cité à dessein ces quelques lignes sur les fusils des cent-gardes, pour faire voir que, depuis longtemps déjà, les difficultés principales qui empêchaient l'adoption des armes se chargeant par la culasse étaient résolues, et que notre gouvernement avait manqué de prévoyance et de résolution en se laissant devancer à ce point par la Prusse dans le perfectionnement des armes de l'infanterie. Les avertissements ne lui ont cependant pas manqué. Les officiers français qui ont assisté au camp de manœuvres en Prusse, il y a quelques années, avaient été frappés des effets du fusil à aiguille ; un rapport sur la supériorité de cette arme et la nécessité

de l'introduire dans notre armée avait même été présenté
à l'Empereur. Ce rapport, envoyé au Comité d'artillerie,
ayant été fortement combattu et ses conclusions repous-
sées, le gouvernement n'avait pas insisté. — Nous savons que, dans un moment de transition, en présence
d'un matériel énorme, qu'on a réussi à utiliser pendant
longtemps avec beaucoup de succès, et qui devait être
extrêmement coûteux à réformer radicalement, la tâche
du gouvernement était difficile; mais l'armement de l'infanterie est d'une importance si essentielle, qu'on est
surpris que des armes se chargeant par la culasse n'aient
pas été depuis quelques années mises en expérience
dans différents corps, comme les armes rayées le furent
chez les chasseurs à pied à l'époque de leur création.
On aurait été mieux renseigné de la sorte sur les modèles que l'on devait adopter définitivement pour toute
l'armée, on aurait progressivement et sûrement perfectionné tous les détails des armes et des munitions nouvelles, et l'on n'en aurait pas été réduit à commander
à la fois, au dernier moment, 500,000 fusils d'un modèle très-bon sans doute, mais qui n'est peut-être pas
le meilleur de tous ceux que l'on connaît, et qui n'a pas
encore supporté les épreuves de la guerre.

Le fusil à aiguille prussien présente à l'extérieur l'as-
pect d'un fusil ordinaire qui n'aurait point de platine.
On aperçoit au tonnerre un petit bouton saillant que la
main saisit pour faire marcher la pièce mobile qui découvre la culasse, afin de permettre d'y introduire la
cartouche toute amorcée. — Un simple mouvement en

arrière découvre la culasse, un mouvement en avant la recouvre, un troisième arme le fusil, qui est prêt à tirer. Le feu est mis à la cartouche par une forte aiguille en acier, qui la traverse au moment où l'on pousse la détente, et frappe une amorce fulminante placée contre la balle, à la partie supérieure de la cartouche. C'est cette pièce qui a fait donner à l'arme en question le nom de *fusil à aiguille*. — Ce fusil peut tirer dix coups par minute. Les légers inconvénients de cette arme, amplement compensés par la facilité de son chargement et la rapidité de son tir, sont les suivants : le ressort à boudin qui précipite l'aiguille se détraque quelquefois ; l'aiguille elle-même se brise ou se corrode à son extrémité, ce qui l'empêche de bien fonctionner ; le danger de transporter les cartouches tout amorcées. Dans la pratique, ces inconvénients ont été évités en grande partie par les soins que les soldats ont pris de leurs armes. — Le fusil prussien est donc comme mécanisme une bonne arme de guerre ; nous ne connaissons pas exactement ses propriétés balistiques, mais on s'accorde à les considérer comme inférieures à celles de nos fusils Chassepot.

Lorsqu'il fut question de changer notre armement, le gouvernement dut faire étudier deux ordres de questions : 1° celles qui se rattachaient à la partie balistique de l'arme, c'est-à-dire au poids des projectiles, à l'étendue de leur portée, à leur pénétration, à la tension de leur trajectoire ; — 2° celles qui se rapportaient au mécanisme du chargement. Il importe d'entrer dans quelques détails à ce sujet.

Celui qui voit lancer une pierre ou une flèche, re-
marque d'abord que le projectile ne suit pas une ligne
droite et qu'il décrit en l'air une courbe, qui commence
à son point de départ et finit à son point d'arrivée. Cette
courbe s'appelle la trajectoire, et tous les projectiles,
quels qu'ils soient, visibles ou invisibles à l'œil, pendant leur trajet, décrivent nécessairement une trajectoire plus ou moins tendue ; ceci tient à l'action de la
pesanteur et à la résistance de l'air atmosphérique, qui
agissent sans discontinuité sur les corps en mouvement ;
— la force de la pesanteur n'agit qu'à raison de la durée
du mouvement, la résistance de l'air agit surtout à raison de la forme du projectile, de telle sorte que si l'on
suppose un projectile idéal se mouvant avec une telle
rapidité que le temps de son trajet puisse être considéré
comme nul, et d'une forme si bien appropriée, que la
résistance de l'air à sa partie antérieure puisse être considérée comme nulle, sa trajectoire ne sera plus une
courbe, mais une ligne droite. — Si l'on suppose qu'une
ligne de soldats tirant très-rapidement, ou même qu'une
machine quelconque mise en mouvement par un moyen
mécanique, lance à hauteur d'homme une grêle de balles
qui se maintiendra d'un bout à l'autre du champ de
bataille à cette même hauteur au-dessus du sol, il est
évident que son approche sera impossible à tout ennemi
non cuirassé. — Si, au contraire, la force d'impulsion
du projectile est faible, si sa forme n'est pas convenable ;
en un mot, si son trajet est lent, le projectile lancé à
hauteur d'homme tombera rapidement, et sera inoffen-

sif à de très-courtes distances ; et si pour fixer les idées nous supposons qu'un trait d'arbalète, par exemple, lancé horizontalement à 1 mètre 50 de hauteur rencontre la terre à 60 mètres, il est évident que dans ce cas on pourra marcher sans danger contre le tireur jusqu'à 60 mètres ; mais ce trait nul à 60 mètres peut détruire l'ennemi à 250 mètres s'il a été lancé sous l'angle d'inclinaison qui lui fera décrire la courbe nécessaire pour atteindre l'ennemi à 250 mètres. Dans ce cas, l'archer habile règle son tir sur la distance ; mais si l'ennemi se meut rapidement, il peut se trouver à 200 mètres du tireur au moment où le projectile, arrivant à 250, vient le chercher là où il n'est plus. Comme on le voit, avec toute espèce d'arme de jet, quelles que soient sa précision et l'étendue de sa portée, il peut arriver qu'une mauvaise appréciation des distances annule complétement la valeur de l'arme. Ce qui rend les feux rapprochés si meurtriers, même avec le fusil de munition, c'est qu'à 100 mètres la trajectoire de sa balle étant presque droite, il suffit à cette distance de tirer droit devant soi pour donner dans le front de l'ennemi ; mais à 250 mètres seulement, les balles frappent la terre 50 mètres en avant de ce front, et l'effet du feu devient extrêmement incertain. Qu'on juge de ce qu'il doit être à 3 et 400 mètres. C'est là surtout ce qui explique le gaspillage de munitions qui a lieu à la guerre.

Les artilleurs, qui ne trouvent leur sécurité et leur action que dans la précision de leur feu, qui ont en outre l'avantage de lancer de gros projectiles qu'ils voient tomber et dont la chute leur apprend à rectifier leur tir, les artilleurs, disons-nous, ont depuis longtemps reconnu ces vérités, après les avoir méconnues à leurs dépens. A Granson et à Morat, les Suisses, marchant bravement sur les pièces, perdirent beaucoup de monde à la portée du but en blanc [1] ; mais en s'approchant des canons, ils se trouvèrent au-dessous de la trajectoire des boulets, qui ne leur firent plus aucun mal. A Nancy, un seul homme fut tué par l'artillerie bourguignonne, qui tirait trop haut [2]. Aujourd'hui on ne commettrait plus d'erreurs pareilles ; l'artillerie sait très-bien régler son tir, mais l'infanterie ne le sait pas encore assez, quoique ses armes soient maintenant, comme portée et comme précision, très-supérieures à l'ancien canon de campagne.

La carabine de munition rayée, l'arme actuelle des chasseurs à pied, porte la balle avec une assez grande précision jusqu'à 1000 mètres, et la pénétration de ce projectile est suffisante pour mettre l'ennemi hors de combat à 1200 mètres ; mais sa trajectoire est si peu tendue à 500 mètres, par exemple, que lorsque l'arme est pointée pour tirer à cette distance, la balle s'élève à 100^m de 2^{m}70^c, à 250^m de 5^{m}19^c, à 450^m de 2^{m}50^c, et enfin à 475^m de 1^{m}55^c au-dessus de la ligne qui joint la bouche de l'arme et le centre du but, — de façon que si l'on ajuste à la ceinture de l'homme ou au poitrail du cheval, une erreur de 50 mètres sur la distance

[1] Portée pour laquelle la pièce est naturellement réglée.

[2] *Passé, présent et avenir de l'artillerie,* par le prince Louis-Napoléon Bonaparte.

à 500 mètres fera manquer le cavalier, et une erreur de 25 mètres fera manquer le fantassin, en supposant du reste le tir irréprochable ; — à 1000 mètres une erreur de 10 mètres ferait manquer le fantassin.

Le perfectionnement balistique de l'arme tenait donc beaucoup moins à la longueur des portées qu'à la tension des trajectoires ; ce perfectionnement a été réalisé dans une mesure très-large ; — depuis longtemps déjà on avait constaté la supériorité des carabines de petit calibre ; le gouvernement français avait conservé le gros calibre pour utiliser son armement, mais les Anglais, les Prussiens, les Autrichiens, les États-Unis avaient réduit leur calibre dans une proportion considérable [1].

Les travaux exécutés en Suisse depuis une vingtaine d'années sont venus éclairer singulièrement cette question. En 1848 et 1849, des expériences furent ordonnées par le gouvernement suisse pour arriver à la création d'une nouvelle arme de guerre. La nouvelle carabine suisse qui en résulta présente des avantages remarquables : la légèreté des munitions obtenue par une réduction considérable du calibre ; la tension considérable des trajectoires obtenue par l'augmentation relative de la charge de poudre et la diminution du poids de la balle. Pour

[1] La moyenne des calibres des fusils de munition européens était d'environ 17mm 5 de diamètre, soit du calibre de 15 balles à la livre environ. La moyenne des calibres des carabines nouvelles, anglaises, autrichiennes, prussiennes et des États-Unis d'Amérique, est de 14mm 6, soit du calibre d'environ 28 balles à la livre.

établir le canon, la rayure et le projectile du nouveau fusil Chassepot, la commission nommée par le gouvernement s'est inspirée des idées suisses : le calibre très-petit, le pas de l'hélice très-court, le projectile très-allongé, la charge de poudre très-forte, donnent en même temps la longue portée, la précision, la pénétration, la tension des trajectoires. Ce fusil est, sous le rapport balistique, très-supérieur à celui qu'il va remplacer ; on en jugera par l'extrait suivant :

« Après huit expériences ayant eu principalement pour but l'examen du mécanisme et de la vitesse du tir, on eut ensuite à constater la valeur de l'arme sous le rapport de la justesse. Dans les trois premières séances, on tira 30 balles à 200 mètres en feu de deux rangs ; — les hommes tiraient *dix coups* par minute, et 50 p. °|₀ des balles frappaient en pleine cible, résultat de beaucoup supérieur à celui des tirs ordinaires. La dernière séance fut consacrée au tir individuel. Avec l'ancienne arme, à la distance de 400ᵐ, on a obtenu 20 p. °|₀ dans la cible ; avec le fusil Chassepot, 40 p. °|₀ [1]. » Et plus loin : « Ce qui est surtout remarquable dans l'innovation de M. Chassepot, c'est le résultat extraordinaire dans les feux de peloton sur 2 et 4 rangs. Ces exercices sont réellement admirables, d'après les renseignements que nous recevons du camp de Châlons, où ces feux ont été exécutés à volonté à 300 et à 500ᵐ ; à 500ᵐ,

---

[1] *Les fusils Chassepot et Albini*, par le capitaine d'infanterie Tackels. Tanera, éditeur à Paris. P. 33.

jamais le p. °|₀ n'a été inférieur à 50 ; à 500ᵐ, les p. °|₀ ont été environ de 30 [1].

» Les p. °|₀ obtenus par les chasseurs de la garde, où 400 de cès armes furent mises en essai l'an dernier, après la levée du camp de Châlons, ont été, en nombres ronds, à 200ᵐ de 66 p. °|₀, à 400ᵐ de 47 p. °|₀, à 600ᵐ de 55, à 800ᵐ de 25, et à 1000ᵐ le p. °|₀ dépasse encore 25. Il est vrai que ces tirs ont été exécutés par un bataillon modèle où tous les hommes ont été admirablement choisis, et tous bons tireurs. Quant à la vitesse du tir, elle est de 12 coups par minute pour l'homme hors du rang, et de 8 coups dans le même espace de temps pour l'homme dans le rang [2]. »

Nous devons ajouter que ce fusil, si supérieur à celui qu'il va remplacer, est au moins égal à celui que vont mettre en exercice les autres nations européennes ; nous ne ferons qu'une réserve pour les armes à répétition que les Suisses sont sur le point d'adopter, et dont nous parlerons dans un moment.

La cartouche du fusil Chassepot est toute en papier, comme celle du fusil à aiguille prussien. Elle est détruite par l'explosion, et l'on n'est pas obligé de la retirer du canon après le feu. Le plus grand nombre des nouvelles armes se chargeant par la culasse, toutes les armes américaines, par exemple, nécessitent l'emploi de cartouches métalliques.

---

[1] *Les fusils Chassepot et Albini*, etc., p. 42.
[2] Odiardi, *Armement européen en 1865*. 1867, Tanera, éditeur.

On trouve à l'Exposition française du ministère de la guerre une cible indiquant l'essai du fusil à aiguille, modèle 1866 (Chassepot); à 400 mètres, 20 coups tirés sur affût, 20 coups relevés; rectangle contenant les 20 coups, hauteur 70 cent., largeur 52 cent. Cette justesse est prodigieuse.

La trajectoire de l'arme est assez tendue pour qu'en tirant droit devant lui, à hauteur de ceinture, jusqu'à 265 mètres, le soldat n'ait pas à s'en préoccuper; or, à cette distance, une troupe d'infanterie *courant* sur une autre troupe qui l'attend de pied ferme, met au moins une minute un quart pour arriver sur elle, elle recevra donc au moins dix décharges.

Quant à la cavalerie, il suffira d'ajuster à la tête du cavalier, pour que la balle arrive à 400 mètres, à hauteur du poitrail des chevaux, et comme il faut environ une minute à un cavalier pour franchir cette distance, on voit qu'une ligne d'infanterie sur deux rangs, et à plus forte raison sur quatre, devient tout à fait inabordable, si elle tire de pied ferme, avec sang-froid, en utilisant la justesse de son arme. Il est extrêmement probable qu'en présence de pareils perfectionnements, les lignes de retranchements pour couvrir les troupes en présence, ou tout au moins celles qui occuperont des positions défensives, deviendront promptement d'un usage général dans les armées. Les Américains les ont très-fréquemment employées dans la dernière guerre.

Parallèlement à la fabrication du fusil Chassepot, il

sé fait dans les arsenaux français un autre travail, celui de la transformation du matériel existant, en armes se chargeant par la culasse. Au moyen d'une pièce convenablement disposée, la culasse se découvre pour introduire dans le canon la cartouche amorcée, et se recouvre avant le tir. Nous ignorons le prix de la transformation du fusil français, mais le prix de la transformation du fusil anglais par le système Snider, qui ressemble beaucoup au nôtre, est de 17 fr. 50 c.

La Belgique a adopté le système Albini, la Hollande s'est arrêtée comme l'Angleterre au système Snider. Les armements de l'Autriche et de l'Italie sont aussi en voie de transformation. Quant à la Confédération allemande du Nord, elle adopte le fusil prussien.

Il nous reste à parler des deux pays qui ont déployé le plus d'intelligence et d'originalité dans leurs recherches sur les carabines, ce sont la Suisse et l'Amérique du Nord. Il y a quelques années, les Américains du Nord changèrent leur armement ; ils adoptèrent comme arme réglementaire un calibre réduit (14 millim. 66) avec amorçoir mécanique. Pendant la grande guerre de la sécession, des expériences nombreuses ont été faites par les armées du Nord et du Sud. Plusieurs régiments ont été armés de fusils de divers systèmes se chargeant par la culasse, et si l'on en croit les témoignages officiels adressés aux fabricants des fusils Peabody, Remington, Winchester, cet armement aurait donné des résultats très-remarquables et tout à fait supérieurs aux anciens fusils. Ces armes américaines sont en général fort bien établies; leur tir est très-bon, mais elles nécessitent l'emploi d'une cartouche métallique qui peut être considérée comme une complication ou comme un avantage, suivant le point de vue auquel on se place. La cartouche est un culot métallique portant l'amorce et renfermant la poudre et la balle; on s'accorde à trouver qu'elles sont très-bien faites et que le projectile possède d'excellentes propriétés balistiques. La poudre est parfaitement préservée par le culot métallique contre les dégradations produites par les transports et l'humidité, mais on craint qu'il n'y ait de la difficulté à rejeter après l'explosion quelque enveloppe métallique déchirée ou mal placée, et que les tire-cartouches, fort ingénieux, adaptés à ces armes ne fonctionnent pas suffisamment. Quoi qu'il en soit, les avis sont partagés à ce sujet; quelques-uns considèrent les avantages des cartouches métalliques comme supérieurs à leurs inconvénients, l'expérience de la guerre en décidera [1]. Une innovation très-curieuse s'est produite parmi les armes américaines, c'est celle du fusil à répétition ou à réserve de cartouches; — dans les armes de ce système on charge par la culasse comme à l'ordinaire, mais il y a ensuite, soit sous le canon, soit dans la crosse, un réservoir de cartouches qui viennent à la volonté du tireur se placer successivement dans le canon par un mouvement presque aussi rapide que celui d'armer le fusil; ce réservoir, qui est de

---

[1] Voir discussion de cette question dans l'article très-bien fait de M. Thomas Anquetil, publié dans le *Spectateur militaire* du 15 août 1867, p. 285.

sept cartouches placées dans la crosse pour le fusil Winchester, donne le moyen de tirer huit coups en une
demi-minute, ce qui est capital en certaines occasions.
— Il est évident que le fusil à répétition est un perfectionnement sur le fusil se chargeant simplement par la
culasse, c'est ainsi que les Suisses l'ont apprécié. La
commission chargée de faire un rapport sur le nouvel
armement à adopter pour l'armée fédérale, a conclu à
l'adoption du fusil Winchester à la suite de considérants
qui méritent d'être médités [1] pour notre armement. « Nous
devons choisir la meilleure arme connue jusqu'ici, ce
n'est que par là que nous pensons pouvoir remédier à
l'inconvénient de devoir introduire derechef un autre
fusil avant qu'il soit bien longtemps. Le fusil à répétition
a sur le fusil à un seul coup, l'avantage incontestable de
permettre, dans un instant donné, et cela précisément
au moment décisif du combat, d'avoir un feu beaucoup
plus rapide et d'accabler l'ennemi d'une masse de projectiles. Si le fusil à répétition est léger et peut être
employé avec la charge à un coup, sans mettre à contribution le magasin, il offre, comme l'arme à un seul
coup, l'avantage de pouvoir entretenir longtemps un feu
vif.... Avec la charge en magasin, on obtient une célérité de feu supérieure à celle de toutes les armes, laquelle, déterminée par minute, arrive jusqu'à vingt et
un coups, tous atteignant le but. Si l'on considère, en

---

[1] *Rapports aux autorités fédérales suisses sur les essais de fusils se chargeant par la culasse*, p. 37 et suiv. (Paris, Tanera, édit.
1867.)

outre, que les cartouches peuvent être facilement introduites dans le magasin pendant la moitié du temps nécessaire pour un seul coup dans le tir, cartouche par cartouche ; qu'on peut remplacer successivement, à chaque instant de relâche, les cartouches tirées, on voit aisément que par la combinaison du tir coup après coup avec le tir à coups répétés, on peut obtenir un feu qui, pour la rapidité et la sûreté avec laquelle on atteint le but, laisse bien en arrière celui de toutes les autres armes. » En présence de ces considérations qui nous paraissent parfaitement justes, nous demandons s'il conviendrait de fabriquer une quantité infinie de fusils Chassepot et s'il ne vaudrait pas mieux limiter leur fabrication, opérer la transformation de notre ancien matériel en armes se chargeant par la culasse, et voir ensuite si le fusil à répétition ou quelque autre arme analogue ne devrait pas être mise en essai. Le fusil Chassepot est très-bon, mais il peut n'être pas le meilleur possible. Pendant longtemps on n'a pu se faire à l'idée de charger les armes par la culasse, il a bien fallu finir par l'accepter, il en est peut-être de même pour les fusils à répétition. Un grand nombre d'autres fusils se chargeant par la culasse ont été présentés par des armuriers de Paris ou par des étrangers, mais le cadre de notre travail ne nous permet pas de nous en occuper [1].

M. Leroux, armurier à Paris, a fabriqué une carabine

---

[1] Voir l'article de M. Th. Anquetil dans le *Spectateur militaire*, du 15 juillet 1867, p. 182.

avec un réservoir pour trente coups placé sous le canon , mais nous ignorons complétement quelle peut être sa valeur. Enfin, deux inventeurs ingénieux, MM. Georges Lebaron et Ferdinand Delmas, de Caen, prétendent supprimer la capsule en la remplaçant par une pile électrique placée dans la crosse de l'arme. Nous ne parlons pas des pistolets-revolvers, ces armes excellentes et ingénieuses, qui furent la nouveauté de l'Exposition de 1851 , et qui sont entrées aujourd'hui dans la pratique générale.

Quant à ce qui constitue la partie industrielle et artistique de l'Exposition : la bonne qualité de la matière, l'habileté de la mise en œuvre, la beauté et l'élégance des armes, on retrouve, à l'Exposition de 1867, la perfection qu'on avait rencontrée dans celles qui , depuis 1851, se sont succédé en France et en Angleterre. Le Jury a reconnu ces divers mérites par des médailles d'or collectives accordées aux grandes industries. Qu'on nous permette d'exprimer le regret qu'un certain nombre d'exposants particulièrement remarqués n'aient obtenu que des médailles d'argent. Nous avouons ne pas bien saisir la portée des distinctions collectives. — La fabrique de Paris ou de Liége ne constitue pas une corporation dont les membres sont solidaires; qui portera cette médaille? Il nous semble que le plus simple et le plus juste eût été de donner des médailles d'or à qui de droit et de distinguer individuellement chacun suivant ses mérites.

Après avoir parlé des armes à feu portatives, il convient de s'occuper de ces monstrueux engins de guerre que les États demandent à l'industrie privée, de ces gros canons qui doivent, à cause des difficultés de leur fabrication, de l'effet et de la portée de leurs projectiles, être comptés au nombre des machines les plus remarquables qui aient jamais été construites.

II

Ceux qui parcourent l'Exposition universelle pour prendre d'abord une idée de son ensemble, sont frappés d'étonnement à la vue de quelques canons monstrueux, tels qu'ils n'en ont jamais aperçu ailleurs; ces gros canons sont généralement accompagnés d'un certain nombre d'autres de dimensions diverses, depuis les pièces formidables dont les boulets pèsent 100, 125 et 150 kilogr., jusqu'au simple et pratique canon de campagne français, jusqu'à l'obusier de montagne qui ne pèse que 92 kilog. et que deux hommes peuvent transporter au besoin.

Lorsqu'on sait que le canon de 4 rayé [1] ne pèse que

---

[1] Le calibre des canons français est désigné par le poids de leur boulet sphérique; le calibre des canons anglais, par le poids des projectiles allongés qu'ils lancent. Ainsi, le canon de 4 de campagne français correspond au canon de 9 anglais, et le canon rayé de 50 français au canon rayé de 110 anglais. (Aloncle, *Artillerie navale*, p. 23.)

555 kilog., lance des obus de 4 kilog. à des portées régulièrement étudiées jusqu'à 5,200 mètres, peut atteindre un but à 4,600 mètres au besoin, et suffit à tous les besoins des batailles; que le canon rayé de 12 bat en brèche très-efficacement avec les projectiles de 11 1|2 kilog. et ne pèse que 610 kilog., on se demande quel peut être l'emploi de ce canon anglais qui pèse 25,000 kilog. et lance des boulets de 500 kilog., de ce canon suédois qui pèse 52,000 kilog., de ce canon français qui en pèse 58,000; enfin, de ce canon prussien qui pèse 50,000 kilog. et lance des boulets pleins, en acier, de 550 kilog. et des obus de 490 kilog. — L'emploi de ces monstres est spécial, ils servent à combattre un autre monstre, le plus magnifique que l'intelligence humaine ait mis au service du génie de la destruction, le navire cuirassé. Construire une forteresse flottante qui renferme dans ses flancs un nombre considérable d'hommes et d'engins de guerre, qui soit indestructible par le canon et qui puisse porter partout avec sécurité pour elle-même la dévastation et la mort, tel est le hardi problème qu'avaient résolu les constructeurs de ces nouveaux navires. A l'époque où il fut posé, on pouvait effectivement le résoudre, l'expérience avait démontré que des plaques en fer forgé de 11 cent. résistaient parfaitement à la grosse artillerie; mais les choses ont bien changé depuis, et, si nous en croyons les appréciations suivantes, la cuirasse serait définitivement vaincue par le canon. Voici ce que dit le *Times*, dans le compte rendu d'expériences faites à Shœburyness : .... « Il est hors de doute

que les canons de 600, de 220 et de 150, qui sont à présent à Shœbury, ont prouvé qu'ils sont suffisants pour détruire presque à chaque coup toutes les cibles en présence desquelles on les a mis, même celles proposées par les inventeurs, et dans lesquelles il entrait une masse de fer si grande, qu'il était de suite évident que des vaisseaux allant à la mer ne les pourraient point porter. Pour le besoin de la défense d'un port, uniquement, on peut construire une batterie flottante d'une puissance de vapeur assez grande pour aller jusqu'à Spithead et en revenir, et qui porte 12 et même 15 pouces de fer (30°48 à 38° 10); pour les frégates qui doivent aller à la mer, il a semblé jusqu'ici qu'avec 6 pouces (15° 24), on atteignait la limite extrême du poids que ces bâtiments pouvaient porter avec sécurité. Or, 6 pouces (15° 24), en présence de ces gros canons rayés d'Armstrong, se chargeant par la bouche, représentent la même puissance de résistance *que les vaisseaux de bois offrent aux canons de 68*. Les canons ont toujours conservé une importante supériorité relative sur la cuirasse, et, suivant toute probabilité, la maintiendront jusqu'au bout [1].

Le gros canon anglais de 23,000 kilog. qui a été exposé, jouit, à ce qu'il paraît, d'une certaine popularité en Angleterre, sous le nom de *Big-Will* (Gros-Guillot). Les photographies de l'Exposition anglaise représentant les cibles détruites du *Warrior* et de l'*Hercules*, au-dessus

[1] *Études sur l'artillerie navale de l'Angleterre et des États-Unis.* Par A.-F. Aloncle, c⁰ d'artillerie de marine, etc. Arthur Bertraud, éditeur.

d'un échantillon de ces cibles, peuvent donner une idée de sa puissance, mais nous avons trouvé des détails remarquables sur la force destructive de ce canon, dans l'ouvrage très-intéressant et tout à fait nouveau que nous venons de citer [1] .... « Le 10 décembre 1863, on a éprouvé, à Shœbury-Ness, la puissance de destruction du canon Armstrong, de 600, se chargeant par la bouche, contre une cible flottante figurant le *Warrior*. Ce massif est la reproduction exacte de la muraille de ce vaisseau, les dimensions sont de 18 pieds (5ᵐ49) de long, sur 10 pieds (3ᵐ05) de haut; il est composé de plaques en métal homogène de la meilleure qualité, de 4 pouces 1|2 (11ᶜ43) d'épaisseur, boulonnées sur un matelas en bois de Teck de 18 pouces (45ᶜ 72) d'épaisseur. Derrière celle-ci viennent deux épaisseurs de tôle de 3|4 de pouce (1ᶜ91), rivetées à de fortes courbes en fer à T; le tout est accoré par des arcs-boutants en pin, d'un équarrissage énorme. La cible était mouillée à la distance de 1,000 yards (914 mètres) de la batterie des canons de 600 et de 500 d'Armstrong .... Le coup Nᵒ 4, tiré à 2ᵒ (d'inclinaison) seulement, frappa la cible aussi près du centre que possible, et se fit jour au travers. L'explosion eut lieu au moment même du choc.

Ceux qui ne s'inquiétaient pas si leurs effets seraient mouillés par les embruns, s'élancèrent à la hâte vers la

---

[1] Aloncle, *Études sur l'artillerie navale de l'Angleterre et des États-Unis,* pages 244, 245.

cible dans les embarcations, les plus prudents y allèrent sur le remorqueur à vapeur *Bustler*. Lorsqu'on fut près de la cible, on trouva que le dégât causé par le lourd projectile dépassait toute attente : un trou de 2 pieds (61 cent.) sur 20 pouces (51 cent.) s'ouvrait béant dans la plaque de 4 pouces 1|2 (11ᶜ43), à hauteur du blanc central, à quelques centimètres sur la gauche. — Le matelas en Teck était broyé en fragments, depuis la grosseur d'une noix de coco jusqu'à celle de la fibre la plus mince; les tôles de 3|4 de pouce (1ᶜ91) et une des courbes étaient entièrement recoquillées, comme si c'eût été du papier. Au delà, au-dessous du trou, gisait une masse informe emportée de la plaque, morceau du poids de 3 à 400 livres (136 à 181 kil.) et qui ressemblait à une guenille noire en lambeau. La plaque au-dessus de celle qui avait été perforée était repoussée de sa place et cintrait vers l'extérieur ; presque tous les boulons qui la fixaient à la cible étaient brisés. — En fait, tous les assistants admettaient que, depuis l'ouverture de la grande lutte des canons contre les plaques, il n'y avait jamais eu un triomphe aussi complet du premier champion » ...... « Lorsque la marée se fut suffisamment retirée, un grand nombre des assistants retournèrent visiter la cible éreintée. Tout autour d'elle, dans une étendue de 2 à 300 pieds (61 à 91 mètres), étaient éparses des masses d'acier ou de fer de différentes grosseurs, qui donnaient une idée parfaite du dommage que le projectile aurait pu produire *entre les ponts* et sur la muraille opposée de tout navire assez malheureux pour le recevoir. » (P. 200 et 201.)

On se fera une idée de la puissance destructive de ce gros canon , si l'on réfléchit que le type du *Warrior* était considéré comme devant résister parfaitement à la plus grosse artillerie, et qu'effectivement il résistait très-bien aux boulets en fonte, qui ne produisaient que de légères dépressions sur ses plaques de 11 cent. , et qu'il a fallu changer la nature du projectile et en arriver aux boulets d'acier pour triompher de la résistance de cette cuirasse.

A la page 224 du livre de M. Aloncle , nous trouvons le récit de la destruction de la boîte-cible, par *Big-Will* , tirant à charge réduite pour simuler le tir à 4,000 yards (3,658 mètres). Voici la description de cette cible :

Sa face extérieure est recouverte d'une des admirables plaques de cuirasse de 6 pouces 1|2 (16ᵉ 51), de John Brown et Comp. En arrière de cette plaque, il y a un matelas de 18 pouces (45ᶜ 72) de bois de Teck renforcé par des longrines horizontales en fer forgé , et par derrière ceci encore , un double bord en fer de 1 pouce 1|4 (3ᶜ 17) d'épaisseur ; le tout consolidé en outre , par derrière, par des courbes en fer de 22 pouces (55ᶜ 88) sur 10 pouces (25ᶜ 40). Comme la résistance des plaques de cuirasse croît comme le carré de l'épaisseur totale (c'est-à-dire y compris l'épaisseur additionnelle du fer, qui équivaudrait en poids à la membrure en bois et aux autres éléments), cette cible est littéralement plus de deux fois aussi forte que la muraille du *Warrior*.

Le canon de 600 , comme nous l'avons dit , fut tiré contre cette cible à la charge de 40 livres (18 kil. 144);

le boulet quitta le canon avec une vitesse initiale de 860 pieds (262 mètres) par seconde, et frappa le massif avec une vitesse de 840 pieds (256 mètres), fracassant à la fois la plaque et tout ce qui était par derrière elle.

Malheureusement pour le boulet, il avait frappé juste en un point où la cible avait le plus de force, en raison de l'appui qu'elle reçoit des poutres en pin massif de près de 5 pieds (90 cent.) d'épaisseur, et qui forment les côtés de la boîte ; — cependant la plaque de cuirasse et son matelas furent fracassés dans toute leur épaisseur, et comme une véritable grêle, des débris de la plaque, ainsi que des éclats de bois, ou plutôt de petites poutres, furent dispersés dans toutes les directions au loin et au large. — Rien ne pouvait être plus concluant qu'une pareille épreuve, pour prouver qu'en pratique comme en théorie, le canon Armstrong de 600 est capable de ruiner d'une manière absolue la muraille du plus fort vaisseau cuirassé qui puisse aller à la mer, et qui se tiendrait à la distance de 4,000 yards et même plus.

Ici la cible n'avait pas été traversée franchement. Dans une expérience précédente, avec la charge de 70 livres (31 kil. 751) et un projectile d'acier de 612 liv. (277 kil. 6), la cible avait été traversée franchement. (P. 205).

La muraille de l'*Hercules*, dont l'échantillon est donné à l'Exposition universelle, est encore plus forte que la boîte-cible, puisque le massif se compose d'une plaque de fer de 2 cent., boulonné sur un matelas de bois de Teck de 70 cent. d'épaisseur, derrière laquelle se trouve une seconde plaque de fer de 5ᶜ7, appuyé sur un matelas en bois de 30 cent., lequel est appuyé lui-même sur une plaque de fer de 23 cent. d'épaisseur. La plaque de 5ᶜ7 et celle de 23 cent. sont reliées par des courbes en fer. Le tout à 130ᶜ7 d'épaisseur, dont 1 mètre en bois et 30ᶜ7 en fer, et pèse *3,364 kilogr.* par mètre carré, la même surface de la muraille du *Warrior* ne pesant que 1664,9 ; — 7 coups de canon, dont quatre seulement de *Big-Will*, ont ruiné cette muraille. — Le modèle en petit du vaisseau l'*Hercules* est donné dans le grand hangard de la marine anglaise sur le quai. Il paraît inconcevable qu'un navire dont la muraille est aussi pesante puisse naviguer et manœuvrer.

Enfin, nous trouvons à la page 205 du livre de M. Aloncle, le récit d'une expérience dans laquelle le même gros canon à 200 yards, tiré avec un boulet rond plein en acier du poids de 156 kilog. et une charge de 40 k. 823 de poudre, traversa net, avec un excès de puissance extraordinaire, une plaque de 28 cent. d'épaisseur, pareille à celles qui sont destinées au cuirassement des forts de Cronstadt.

Si l'on ajoute à la puissance de destruction de *Big-Will,* que sa précision est extrême, et supérieure ou au moins égale à celle de tous les autres canons avec lesquels il a été comparé; que sa portée sous l'angle de 25° est de 6,673 mètres et pourrait être augmentée en tirant sous un angle plus fort (Aloncle, p. 230), et que la rapidité du tir, avec des hommes exercés à la manœuvre, est de un coup pour 3 minutes 3|4, on voit que cette arme est

véritablement prodigieuse, et l'on comprend les dépenses
énormes auxquelles on se résigne pour la fabriquer et
pour s'en servir. Ces dépenses nous sont approximative-
ment connues pour le canon anglais [1], et l'on trouvera
plus loin sur le canon prussien de 50,000 kil., des rensei-
.gnements plus complets.

Du reste, il est inutile d'arriver aux dimensions énor--
mes du canon dont nous venons de parler pour obtenir
le percement des cuirasses ; des boulets d'acier de 30 kil.
844 gr. lancés avec 7 kil. 257 gr. de poudre ont suffi
pour percer, à 182 mètres, des plaques de fer de 15ᶜ 97,
— alors que le boulet en fonte ordinaire se brisait sur
les plaques (Aloncle, p. 175), — et les gros canons de
220 et de 500, avec leurs boulets et leurs obus d'acier,
percent à de plus grandes distances des plaques de 15 cent.;
mais il est certain qu'un canon comme *Big-Will* est un
moyen tout à fait exceptionnel, que l'on tient en réserve
contre des inventions inattendues.

On voit, à l'Exposition anglaise, une longue plaque
de fer forgé de 15 cent. d'épaisseur, elle est frappée de
15 boulets dont 10 l'ont traversée entièrement, ces boulets ne sont pas de très-gros calibre. — On voit à côté
une autre plaque de 34 cent. d'épaisseur, celle-ci est une
véritable muraille, destinée à protéger les pièces de canon
dans les forts. Les nouveaux projectiles brisent facilement le granit, démolissent rapidement les embrasures,

[1] P. 159. Aloncle. Lecture du capitaine Fishbourne. *Big-Will*
coute 3,800 livres, environ 96,000 francs.

et lancent à l'intérieur des débris de pierre et des éclats
d'obus ; pour éviter ces dangers, on a imaginé de percer
l'embrasure de la pièce dans une de ces grandes plaques
de fer forgé de 34 cent. ; celle qui est exposée porte la
trace de nombreux boulets, ils y ont produit des dépressions de 10 à 15 cent. de profondeur, mais ne l'ont
pas traversée. — Cependant quatre boulets ayant frappé
au même endroit ont déterminé la rupture de la plaque. —
Si l'on en juge par les photographies exposées, la protec-
tion donnée aux canonniers par ces plaques de fer, serait extrêmement efficace ; elles paraissent encore toutes
entières lorsque, autour d'elles, toutes les maçonneries
sont absolument ruinées par les projectiles.

Puisque nous en sommes aux moyens extraordinaires
d'attaque et de défense, il ne faut pas oublier de men-
tionner ici les bombes énormes qui sont placées à la porte
de l'un des hangards de l'Exposition anglaise. Ces bombes
ont 0^m,914^c de diamètre, elles pèsent 1150 kilos, et
renferment 217 kilos de poudre, ce qui élève le poids
du projectile chargé à 1367 kilos ; le mortier qui les
lance pèse 52 tonnes (52,000 kilos). — Essayées à Woo-
lich avec la charge de 31 kilos 7, elles ont porté à 2,419
mètres, et le projectile s'enfonçait d'environ 9 mètres
dans la terre en retombant. Ces bombes étant destinées
à l'attaque des places, dont leur usage répété rendrait
la défense fort difficile, le mortier qui les lance est fait
de plusieurs pièces qui peuvent se démonter et se transporter séparément, et se remonter où l'on veut ; les im-
possibilités de transport des poids exagérés sont ainsi

évitées. Le poids de ces bombes est supérieur à celui des bombes monstres employées au siége de la citadelle d'Anvers en 1830. — Ces dernières pesaient 500 kilos, et contenaient 50 kilos de poudre. Neuf coups tirés à la fin du siége déterminèrent la reddition de la place [1].

Quant au gros canon prussien de 50 tonnes que l'on voit au Palais de l'Exposition, dans la galerie des machines, escorté d'une grosse pièce de 12,800 kilos et d'une petite pièce de montagne de 97 kilos, son fabricant, M. Krupp, a donné sur lui, dans une notice distribuée à l'Exposition même, des détails qui pourront intéresser nos lecteurs : « Le canon proprement dit, pesant à lui seul à peu près 20,000 kilog., a été forgé d'un lingot d'acier fondu du poids de 42,500 kil. par le marteau de 50 tonnes ; la différence du poids provient du forgeage, tournage et forage de la pièce, ainsi que de la perte de la tête du lingot. Les frettes, formant à la chambre une triple et à la bouche une double couche, pèsent ensemble 30,000 kilos ; elles ont été forgées sans soudures, de blocs massifs d'acier fondu, par le même procédé que les bandages des roues pour chemins de fer.

Le poids du projectile plein en acier fondu est de 550 kilos.

Le poids de l'obus en acier fondu est de 490 1/2 kil., ainsi répartis :

[1] Paixhans, p. 284. *Constitution militaire de la France.* Paris, Dumaine, 1849.

Le projectile . . . . 382 1|2 kil.

Le manchon de plomb (pour prendre
les rayures). 100

La charge du projectile. 8
____

490 1|2 kil.

Charge de poudre de la pièce, 50 à 55 kil.

Nota. — On a travaillé à ce canon seize mois sans interruption, jour et nuit. — Les Compagnies du chemin de fer ne possédant pas de waggons assez solides pour le transport de ce canon, l'établissement a dû construire expressément un waggon en fer et acier monté sur douze roues et du poids de 23,200 kil. ; tous deux sont placés sur un châssis tournant du poids de 25,000 kil. Faute d'espace, ce châssis n'a pu être exposé. Le canon, l'affût et le châssis ont été exécutés suivant les projets élaborés dans l'établissement ; en tirant, l'affût glisse sur le châssis pour amortir le recul ; les mécanismes pour mouvoir le canon sont tels, qu'un ou deux artilleurs suffisent pour donner la direction, l'élévation et la déclinaison avec assez de facilité pour poursuivre un navire passant à toute vapeur, même à la plus grande proximité. — Prix du canon seul, 593,750 fr. ; avec affût et châssis, 545,750 fr. »

On voit, d'après les lignes qui précèdent, qu'un canon pareil au canon prussien ne peut être construit que par une industrie très-avancée, au moyen d'un outillage extrêmement perfectionné. Ce canon est rayé, se charge par la culasse, au lieu que le canon anglais *Big-Will* se charge par la bouche.

Le gros canon français de 58 tonnes se charge aussi par la culasse, mais il est à âme lisse. — Nous n'avons aucun détail sur ce canon, pas plus que sur le canon suédois rayé de 52 tonnes.

Ces énormes canons, tirés avec les charges prodigieuses que nous avons indiquées, n'ont pas une très-grande durée. On peut admettre qu'une pièce sera hors de service après avoir tiré 5 ou 600 coups. On voit donc que chaque coup reviendrait à plus de 1,000 fr., en comptant l'amortissement de la pièce ; et si l'on tient compte de l'extrême difficulté d'atteindre le but lorsqu'il est mouvant, comme des navires marchant avec une vitesse moyenne, on comprend que leur emploi ne peut être qu'assez rare et tout à fait spécial. — Les Américains possèdent une grande quantité de très-gros canons, ils en ont dont le boulet sphérique pèse 600 livres, d'autres dont le boulet sphérique pèse 1,000 livres (455 kil.) et dont le diamètre est de 50 cent., c'est-à-dire très-supérieur à celui du gros canon prussien. Aucune de ces bouches à feu, dans lesquelles on emploie généralement de faibles charges, et qui sont, à calibre égal, inférieures en puissance au gros canon rayé anglais, n'a paru à l'Exposition.

Les canons de marine les plus pratiques, même contre les navires cuirassés de tout échantillon, paraissent être, d'après les expériences anglaises, les pièces rayées de 110, du calibre de 17ᶜ 78 [1], pesant 6 tonnes ;

[1] Page 171. Aloncle, déjà cité.

celles de 150, du calibre de 8 pouces (20⁰ 52), et surtout celles de 500, du calibre de 10 pouces (25⁰ 40), pesant 12,195 kil. Cependant les opinions à ce sujet sont encore très-contradictoires. Sir John Hay a tenu le langage suivant, dans une enquête ordonnée en 1863 :

« J'ai eu l'honneur d'être président de la Commission des plaques. Je prendrai la liberté de vous lire le résultat de nos recherches sur ce sujet : La Commission ne saurait terminer son rapport sans rappeler une question d'une importance urgente, et sur laquelle en plus d'une occasion elle a attiré l'attention de leurs seigneuries ; c'est la nécessité de nous procurer, sans nouveau délai, des canons à grande puissance qui soient capables d'endommager efficacement les vaisseaux cuirassés de fer, et en outre d'approvisionner ces pièces d'une grande proportion de projectiles massifs en acier et d'obus. En ce qui est de la puissance dont doivent être doués les canons à fabriquer, il a été reconnu, d'après des expériences nombreuses et concluantes contre des massifs revêtus de plaques en fer, qu'il ne faut rien moins qu'une bouche à feu du poids de 12 tonnes et capable de résister à une charge de 45 livres (20 k. 4) pour attaquer avec succès une construction cuirassée telle que le *Warrior*. Un approvisionnement suffisant de canons possédant au moins cette puissance est donc impérieusement nécessaire. » (Aloncle, p. 162-169, *L'Artillerie de marine en Angleterre* [1].) — Les canons des divers calibres

---

[1] Le volume de M. Aloncle est divisé en quatre parties, dont chacune a sa pagination particulière.

que nous avons indiqués sont exposés avec tous leurs
projectiles, boulets pleins, obus à balles, obus à seg-
ments, etc. Il y a là des canons Armstrong et des canons Withworth, tous très-remarquables à ce qu'il paraît, mais sur le mérite respectif desquels nous ne savons
pas que l'expérience ait encore dit son dernier mot. Du
reste, l'Angleterre a une puissance industrielle si grande,
qu'elle peut produire presque instantanément et en aussi
grande quantité qu'elle le voudra, tous les engins de
guerre dont elle aura besoin.

La France a exposé plusieurs grosses pièces d'artillerie
de marine rayées; sous le pont qui conduit au bord de
la Seine, on voit à côté de la grosse pièce lisse de 38
tonnes se chargeant par la culasse, — une très-grosse
pièce rayée du poids de 20,184 kil. à 5 rayures, se
chargeant par la culasse, — une autre de 14,229 kil.,
— une troisième de 7,958 kil., — et une quatrième de
5,030 kil.; — toutes ces pièces sont rayées, portent
des boulets cylindro-coniques et se chargent par la culasse; la seconde et la troisième portent la date de 1866.

L'Exposition prussienne de M. Krupp présente, outre
son canon de 50 tonnes, deux gros canons d'acier fondu
se chargeant par la culasse, l'un du poids de 12,800 kil.
et du calibre de 0ᵐ,2286, portant un projectile plein
de 150 kil. ou un obus chargé de 125 kil., avec une
charge de 17 1|2 à 20 kil. de poudre; — l'autre, du
poids de 4.250 kil., du calibre de 0ᵐ,1524, portant un
projectile plein de 40 kil., avec une charge de 5 kil. de
poudre. — La note suivante, donnée par M. Krupp, in-

dique l'importance prise depuis peu par la fabrication de ces canons : — « L'établissement a fabriqué et livré jusqu'à ce jour environ 5,500 bouches à feu en acier fondu, d'une valeur de 26 millions 250,000 fr.; il exécute actuellement, pour le compte des gouvernements européens et étrangers, 2,200 canons en acier fondu, d'une valeur de 15 millions de francs; environ 19|20es des 5,700 canons sus-mentionnés sont rayés, se chargent par la culasse, et sont du calibre de 4 jusqu'à celui de 300, et un petit nombre du calibre de 600 et de 1,000.

Chacune des Expositions anglaise, prussienne ou française, renferme aussi quelques canons de campagne; l'usine de M. Krupp en présente un qui correspond à notre pièce de 4, il pèse un peu moins, son calibre est un peu moins fort; la charge de poudre et le poids du projectile diffèrent très-peu pour les 2 canons [1]. — Cette pièce se charge par la culasse. Voici la note que M. Krupp donne sur elle : « Ce canon est propriété du gouvernement prussien, il a été soumis avec plusieurs autres canons au tir à outrance par le ministère de la guerre prussien ; on a tiré plusieurs centaines de coups à charge progressive jusqu'à 1 kil. 75 de poudre, avec un projectile de 56 kil. Cette

[1] Poids du canon prussien.............	275 kil.
Id. du canon de 4 français...	333 kil.
Calibre du canon prussien............	0m,0785.
Id. du canon de 4 français.........	0m,086.
Charge de poudre des 2 canons.......	500 gram.
Poids de l'obus prussien chargé.......	4 kil. 25.
Id. de l'obus français chargé.......	4 kil.

épreuve n'a endommagé ni le canon, ni l'appareil de fermeture; il en est sorti dans l'état actuel.

Une pièce de 6, dont le poids est de 450 kil. et dont l'obus chargé pèse 6 kil. 8, et une pièce de montagne de 97 1|2 kil., dont l'obus pèse 5 kil., toutes deux se chargeant par la culasse, font aussi partie de cette exposition. M. Withworth, a exposé un petit canon de marine ou de campagne, suivant l'affût sur lequel il est monté, qui ne pèse que 65 kil. 5, il est rayé, se charge par la bouche, lance un obus dont la charge explosive est de 36 gram., et une boîte à mitraille renfermant 27 balles et donnant de bons résultats jusqu'à 250 mètres; on tire habituellement dans ce canon trois boulets sphériques à la fois, on peut en tirer jusqu'à 12 à la fois, en réduisant la charge de poudre aux 2|3 pour prévenir un recul excessif. — Les portées obtenues avec l'obus ordinaire sont de 570 yards (520 mètres 98) à 1° d'élévation, et 1700 yards (1555 mètres) à 5° d'élévation.

Les détails que nous reproduisons ici sont donnés par l'inventeur lui-même ; s'ils sont exacts, on peut dire que les résultats obtenus sont très-considérables, comparés au poids de la pièce.

Dans l'Exposition française, on ne voit qu'un canon de 12 rayé attelé avec son affût de campagne et son caisson, un petit canon de 4 sur affût de côte, et un obusier de montagne rayé placé sur un mulet. — Ces pièces sont jusqu'à présent les pièces réglementaires françaises ; — jusqu'à preuve du contraire, nous les tenons pour aussi bonnes que celles de quelque artillerie

que ce soit, elles ont fait leur preuve sous toutes les la-
titudes du globe, en Italie et en Chine, contre les troupes européennes et les troupes asiatiques, dans les plai-
nes, les montagnes et les marécages, et ont parfaitement
satisfait jusqu'à présent à tous les besoins de la guerre.
Leur poids est très-modéré [1], leur effet considérable et
leur portée énorme. Du reste, si l'on en croit un article
très-étendu et extrêmement intéressant de la *Revue
d'Edimbourg*, à propos du rapport de l'enquête sur l'artillerie anglaise, publié en 1864, qui a été reproduit en
entier dans l'ouvrage de M. Aloncle, cité plusieurs fois
(voir p. 12 et 13), les caractères de l'artillerie française sont la simplicité, l'efficacité, l'économie et l'ap-
propriation parfaite à toutes les circonstances de la
guerre; nous adoptons ces conclusions avec beaucoup
de plaisir. Quant aux inventions nouvelles que l'on
nous promet, nous n'avons pas à nous en occuper, puis-
qu'elles n'ont pas été exposées.

Les Américains n'ont exposé avec leurs carabines que
trois canons, dont deux révolvers à six coups, se com-
posant de six gros canons de fusil se chargeant par la culasse; nous n'avons pas pu recueillir de renseignements
sur leur valeur et sur leur emploi. Le troisième de ces
canons est extrêmement intéressant. Voici les notes ins-

[1] Aloncle, page 22. 4 montagne... 100 kil. bronze.

                          4 campagne... 233

                        12 réserve.... 610

Portée réglée par les hauteurs de la hausse, 3200 mètres; portée
sous le plus grand angle, 4600 mètres.

crites sur la pièce elle-même : le calibre est seulement
de 4 1|2 cent., le canon est à parois extrêmement épais-
ses, rayé, fabriqué avec un mélange de fer et d'acier,
se chargeant par la culasse. — Le poids du boulet est de
5 livres (1 kil. 360 gr. 65 cent.), la charge de poudre
de 24 onces (677 gr. 76 cent.), la pénétration du projectile en acier chargé avec sabot est telle, qu'à 50 mètres il perce une plaque de fer forgé de 9 cent., et lancé
sous une élévation de 35°, la longueur de sa portée est
de 9 milles, 14481 mètres. Avec les idées reçues sur la
portée des projectiles, ceci paraît tout à fait invraisem-
blable ; cependant si l'on réfléchit à ce fait, que la balle
du fusil Chassepot ne pesant que 25 gr., et lancée avec
5 gr. de poudre, conserve assez longtemps son mouvement
de rotation pour arriver avec précision au-delà de 1000
mètres, on ne sera pas surpris qu'un projectile pesant
1560 gr., c'est-à-dire 54 fois plus, et lancé avec une
charge de poudre 135 fois plus forte, sous un angle très-
élevé, atteigne au-delà de 1400 mètres ; ce qu'il y a
de très-remarquable dans ce canon, c'est la quantité de
poudre employée comparativement au poids du projectile, il doit donner sous de petits angles un tir extrêmement rasant, et atteindre sous de grands angles à des portées prodigieuses ; c'est le principe des carabines suisses
appliqué au canon.

Il n'est pas douteux qu'en travaillant dans ce sens, on
n'obtint avec de petits calibres, et en tirant sous de grands
angles, des portées beaucoup plus étendues qu'on ne
pourrait le prévoir. — Une invention américaine que

nous regrettons de ne pas avoir vue à l'Exposition, est celle du canon à flèche du capitaine Bates [1] : dans ce système, le canon à âme lisse lance une véritable flèche, qui chemine sous l'eau avec une puissance de pénétration infiniment plus forte qu'un boulet de quelque système que ce soit; sa mise en service obligerait à employer, même pour la partie immergée du navire, une cuirasse d'une telle épaisseur, que le navire ne pourrait plus flotter.

Nous avons aperçu dans l'Exposition anglaise deux projectiles ainsi désignés : Cail's — projectile rayé pour canons lisses, — Timothée White Portsmouth, projectile rayé pour canons lisses; — si ces boulets, qui portent à leur surface des rayures telles que l'explosion des gaz de la poudre et la résistance de l'air agissent de manière à leur imprimer le mouvement de rotation, remplissaient réellement le but qu'on s'est proposé en les fabriquant, ils seraient très-intéressants à signaler; mais nous n'avons aucune donnée d'expérience sur leur valeur balistique, et nous savons que nombre de projectiles rayés essayés dans les armes lisses n'ont rempli leur but que très-imparfaitement.

Pour en terminer rapidement avec l'Exposition anglaise, nous dirons encore qu'on y voit une machine (machine de Caffin) pour remplir les cartouches de canon et de fusil, — des coupes et des détails de toutes ces cartouches, — enfin une invention de salut au milieu de

[1] P. 215, Aloncle, *Artillerie navale.*

tant d'autres inventions meurtrières, un projectile indiqué sous le nom de *Manby shot with lights*, et qui a l'air d'un porte-amarre pour les naufragés, portant quatre mèches allumées, pour qu'on puisse suivre des yeux son parcours pendant la nuit. — Un modèle de fusée avec sa section, des boulets légers à parachute pour éclairer pendant la nuit, désignés sons le nom de *Boxer parachute light balls*, avec leurs sections, quelques modèles de forges de campagne, des trousses de chirurgien, des pharmacies portatives, des waggons d'ambulance, divers uniformes et probablement d'autres objets intéressants qui peuvent nous avoir échappé, complètent cette Exposition, qui est très-bien ordonnée dans son ensemble.

Il nous reste encore à dire un mot de la partie photographique de l'Exposition de la guerre anglaise : à côté de 14 dessins représentant diverses pièces de canon avec tous leurs détails, on trouve une série de photographies extrêmement intéressantes, indiquant le tir en brèche sur de la maçonnerie avec des charges et des projectiles donnés, — des tirs sur embrasures protégées ou non protégées par des plaques de fer, de 34 cent., — des cibles flottantes établies sur le modèle du *Warrior*, de l'*Hercules* et autres, après les épreuves des gros canons, — un certain nombre de photographies représentant des manœuvres d'artillerie. Enfin, et ceci ne manquera pas d'importance pour ceux qui connaissent nos voisins, on y voit la photographie d'une cible représentant une balle très-près du centre ; c'est la première balle tirée par Sa Majesté la reine Victoria, à Wimbledon, le 2 juillet 1860, — avec la carabine de M. Withworth, montée sur son banc mécanique à 400 yards. — En somme nous avons trouvé l'Exposition anglaise de la guerre très-bien comprise, et faite pour donner dans un petit espace beaucoup de renseignements intéressants sur des choses que tous les citoyens d'un pays libre doivent désirer connaître.

Dans l'Exposition française de la guerre, nous trouvons à signaler deux Télémètres, instruments pour mesurer les distances. — L'un des deux est indiqué sous le nom de *Télémètre à prisme*, par M. Goulier, chef de bataillon du génie. Cet appareil donne en deux ou trois minutes la distance à un but inaccessible, avec une erreur *maxima* de 25 ou de 100 mètres, pour les distances de 1000 à 2000 mètres; quand on dispose de 5 à 6 minutes, on opère par réitération avec inversion des observateurs; ce qui réduit l'erreur à plus de moitié. — Nous ne connaissons pas la valeur de cet instrument, mais nos lecteurs en savent assez pour comprendre l'immense importance de la bonne évaluation des distances à la guerre. — On y voit aussi la section d'un canon de 4 rayé en bronze, avec ses cartouches; du reste, point de projectiles. — Ce qui remplace les projectiles absents, c'est l'Exposition faite par MM. Petin et Gaudet, de Rive-de-Giers; ils ont présenté avec d'énormes pièces d'acier fondu, et un grand nombre de barres du même métal, destinées à la fabrication des canons de fusil, une collection très-intéressante de boulets d'acier fondu sphériques et ogivaux; c'est une gamme ascendante de boulets de ces deux espèces, de 16, 19, 20, 24, 27, 32 et 42 centimètres de diamètre, depuis le boulet sphérique de 16 cent. pesant 17 kil. et le boulet cylindro-ogival du même calibre, pesant 45 kil., jusqu'au boulet sphérique de 42 cent. pesant 304 kil., et au boulet cylindro-ogival du même calibre pesant 780 kil. — Le Jury a mis MM. Petin et Gaudet sur la même ligne que M. Krupp, en atttribuant à chacun d'eux un des grands prix de la classe 40.

On trouve aussi quelques photographies représentant un tir pour battre en brèche avec le canon de 24 rayé court, — et le canon de 12 de siége, — une collection d'outils de vérificateur d'armes, et un certain nombre de reliefs figurant des plans, ou des épisodes de guerre.

Tout cela ne forme pas à beaucoup près une Exposition aussi bien ordonnée et aussi instructive que l'Exposition anglaise; nous ne reprochons pas à l'Exposition française d'être incomplète, on n'est pas tenu de dire ses secrets à tout le monde, et nous ignorons quelles sont les inventions ou les nouveautés dont les étrangers ne parlent pas, mais nous aurions désiré que cette Exposition fût mieux ordonnée, accompagnée de plus de renseignements, et non pas tout simplement un spectacle.

Il est difficile, à ce propos, de ne pas faire un retour mélancolique sur ce qui se passe dans notre pays, même pour les choses de la guerre où nous avons la prétention d'exceller. — Les peuples qui nous entourent, les Suisses, les Belges, les Anglais, les Allemands, créent de ces institutions civiles et militaires à la fois, qui font pénétrer la connaissance des armes et l'habitude du tir dans toutes les couches de la population. — Les Suisses sont tous soldats au besoin. — Les tirs nombreux organisés en Belgique forment une foule de tireurs. — Toute la nation Prussienne est organisée militairement. — Les Anglais ont une armée de volontaires qui ne coûte rien à l'État, qui tire mieux que quelque armée permanente que ce soit en Europe, et dont la création et les exercices journaliers entretiennent chez la jeune bourgeoisie anglaise le goût des plaisirs virils, qui semble s'éloigner de plus en plus de la nôtre. Après tout, qu'y a-t-il d'étonnant à ce qu'on délaisse de pareils exercices, lorsqu'ils ne sont pas même une occasion de réunion et d'émulation ? Quand un milicien suisse ou un volontaire anglais vont secouer la torpeur de la vie bourgeoise dans un camp de manœuvres, ils se figurent avec raison qu'ils sont une partie de la force de la patrie ; ils le sont volontairement, ce n'est pas le sort ou le désir d'avancer qui les obligent à servir, ils pensent à la guerre comme à une triste nécessité que chaque citoyen doit supporter dans la mesure de ses forces, et non pas comme à un moyen de distraction et d'avancement. Dans ces réunions, l'esprit public se forme ; on y trouve des gens qui aiment à la fois la discipline et la liberté, et qui savent en même temps penser et se battre. — Il ne faut pas se méprendre sur la valeur de troupes comme les volontaires anglais, par exemple : ils ne voudraient pas sortir de leur île, mais dans une guerre défensive, ils arrêteraient parfaitement des troupes de ligne, parce qu'ils tireraient beaucoup mieux qu'elles, qu'ils défendraient leurs foyers.

Il est vrai que nous avions en France le tir de Vincennes, mais cette institution dont on fit tant de bruit, il y a quatre ans, n'est plus; c'était un établissement privé qui a mangé son fonds; un café chantant se fût relevé, mais ici l'on manque de clients, il n'y a peut-être pas dans Paris vingt-cinq bons tireurs de carabine, ceux-là vont se distraire en Suisse ou en Belgique; quant à la garde nationale parisienne, elle continue à monter la garde, et à porter des sacs de carton, mais on n'éprouve nullement le besoin de lui donner la moindre notion de tir. — Il nous reste il est vrai les francs-tireurs des Vosges, dont tout Paris a entendu les clairons, et qui n'auraient pas été un des incidents les moins intéressants de l'Exposition, si leur bataillon de 300 hommes avait été l'échantillon de 500,000 volontaires prêts à seconder notre armée; mais hélas! ils n'étaient eux-mêmes qu'une promesse. Leur costume en toile écrue était pittoresque, quoique un peu trop clair pour des partisans; mais leur armement se composait de fusils de chasse. Maintenant ils se montent à neuf de jolies petites carabines se chargeant par la bouche; ils les feront probablement transformer l'année prochaine, si nous avons la guerre; mais nous nous permettons de croire qu'il vaudrait mieux s'y prendre à l'avance, et que si le gouvernement prend intérêt à l'institution, l'octroi à chaque volontaire d'un fusil Chassepot au prix coûtant, avec 500 cartouches pour commencer les études, en serait une preuve au moins aussi efficace que les promenades dans Paris, la décoration du commandant et la présen-

*

lation à Son Altesse le Prince Impérial. — Il est fâcheux
que dans les choses sérieuses, la forme emporte le fond,
les trompe-l'œil sont une petite ressource à la guerre ;
nous avons besoin d'autre chose que de spectacles , il ne
serait pas trop tôt pour former d'abord d'un bout à l'autre
de nos frontières , ensuite sur tout le territoire , une
masse de tireurs habiles et énergiques ; ce serait bientôt
fait si on le voulait sérieusement ; de pareilles mesures
démontreraient que le gouvernement a confiance dans la
nation , tout ce qui est libéral en France les approuve-
rait , le commerce et l'industrie y trouveraient peut-être
un motif d'envisager avec moins d'inquiétude les points
noirs qui se forment à l'horizon.

III

La vue des canons , des fusils et des projectiles fou-
droyants , rappelle à la fois la mort et les actes les plus
énergiques de la vie ; il n'en est pas de même de la vue
des trousses de chirurgiens et des voitures d'ambulance ;
ici tout ramène la pensée sur les souffrances souvent in-
tolérables , les prostrations physiques et morales, sur la
mort accompagnée de l'abattement et de la douleur.
— L'ambulance est le revers de la médaille, mais, il faut
le dire , à l'honneur de l'espèce humaine , le temps où

nous vivons, si fécond en inventions meurtrières, ne l'est
pas moins en inventions charitables, qui ont pour effet de
préserver la vie humaine du moment où elle n'est plus un
obstacle aux projets ou aux passions de ceux qui dirigent
les sociétés. — Tous les pays ont apporté leurs contin-
gents d'appareils plus ou moins perfectionnés destinés à
enlever les blessés sur les champs de bataille, à les transporter, avec le moins de souffrance possible, aux hôpitaux où ils doivent attendre leur guérison. Nous n'entrerons pas dans le détail de ces perfectionnements, ceux
qui s'en occupent d'une manière spéciale doivent aller
examiner sur place les agencements ingénieux au moyen
desquels on évite, autant qu'on le peut, aux blessés, les
douleurs causées par les difficultés du transport, et l'on
rend plus facile la tâche de ceux qui vont les enlever ;
mais nous devons, en quelques lignes, appeler l'attention de nos lecteurs sur l'esprit véritablement humain et
généreux qui préside, depuis quelques années, aux services hospitaliers militaires.

Tout le monde connaît l'histoire lugubre des blessures
et des maladies à la guerre. Dans les guerres qui se pro-
longent quelque temps au milieu de conditions sanitaires
mauvaises ou médiocres, le feu de l'ennemi tue à peine
1|10e des morts (V. Th. Evans, *Commission sanitaire des
États-Unis*, p. 50 à 55); les maladies, suites de blessures légères, d'excès de fatigue, de mauvaise nourriture,
d'encombrement d'hôpitaux, font le reste. — Après une
bataille et surtout pendant une retraite, le corps fatigué
outre mesure par les efforts excessifs du combat ne reçoit

qu'un repos et une nourriture insuffisants, la faiblesse et le découragement s'emparent du soldat ; à ce moment, les dyssenteries, les fièvres, le choléra, viennent s'abattre sur les armées ; quinze jours de repos et des bouillons eussent remis sur pied un homme qui meurt sur le bord d'un fossé, ou dans un hôpital encombré, d'épuisement, de privations ou de typhus.

Au commencement de ce siècle, 15 ans de guerre ont désolé l'Europe, et pendant 15 ans, quels que fussent la bonne volonté des chefs, le dévouement des médecins, les mêmes abus se sont perpétués, — insuffisance de secours sur les champs de bataille, insuffisance de nourriture et d'entretien pour les armées ; on aurait dit que le gaspillage de la vie humaine et des ressources les plus précieuses était dans l'essence de la guerre. — Pendant la dernière année de la guerre de Crimée, le régime des hôpitaux militaires anglais fut singulièrement amélioré par l'intervention de l'élément civil, l'armée anglaise tira de très-grands avantages du dévouement de Mis Nigthingale et de ses compagnes ; mais l'exemple le plus remarquable de ce que peut la coopération active des non-combattants pour la conservation des armées, vient d'être donné par le peuple américain. Ce peuple, le plus libre, et à cause de cela le plus énergique et le plus intelligent du monde, entreprit et termina pour extirper l'esclavage la guerre dont chacun connaît les résultats. — Dans un pays instinctivement antipathique aux grandes armées permanentes, on vit des armées immenses se former et acquérir promptement la solidité des armées européennes. On vit l'industrie tourner les efforts du côté des inventions guerrières, et grâce à des sacrifices pécuniaires prodigieux, devant lesquels la nation n'hésita jamais, le monde a pu connaître avec quelle rapidité un peuple libre, passionné pour sa cause, peut passer du pied de paix au pied de guerre, et déployer sans convulsions une indomptable énergie.

Mais ce qui n'est pas moins admirable que le courage des combattants et le désintéressement de ceux qui sont rentrés dans leurs foyers sans autre récompense que la conscience du devoir accompli, c'est l'énergie des femmes américaines, leur initiative intelligente pour secourir les combattants, pour leur éviter les privations et les souffrances inutiles, et leur prodiguer les témoignages de cet intérêt affectueux, qu'il est si honorable de mériter, et qui rend les femmes si ingénieuses à découvrir les moyens de soulager toutes les misères. — En visitant les diverses Expositions sanitaires, nous avons rencontré, parmi les ouvrages qui y sont exposés, celui du docteur Th. Ewans, intitulé : *La Commission sanitaire des États-Unis, son origine, son organisation et ses résultats,.... etc.* (Dentu, libraire-éditeur, 1867); nous avons trouvé dans cet ouvrage des détails du plus haut intérêt sur ce qui se rapporte à l'intervention civile dans le sein des ambulances et des hôpitaux militaires. pendant la guerre de la sécession. En résumé, une réunion d'une centaine de dames, tenue à New-York le 25 avril 1861, émit l'idée d'organiser systématiquement tous les secours individuels en une association centrale ; cette idée se réalisa, des comités de dames s'organisèrent partout au nombre de plus de 30,000 ; la direction générale fut confiée à des hommes très-distingués, qui se mirent immédiatement en relation avec le pourvoyeur en chef du service médical. Des milliers d'infirmiers volontaires se mirent à la disposition du comité, les femmes se chargèrent de recueillir les dons, de faire de la charpie, des vêtements, etc., d'exciter la charité privée à secourir les militaires blessés. En somme, tout cela fut si bien organisé, que les frais de distribution ne s'élevèrent pas à plus de 4 p. %o de la valeur des objets employés. La valeur des dons volontaires distribués s'éleva de 100 à 125 millions pendant tout le cours de la guerre ; plus de 100,000 hommes furent sauvés de la mort et un très-grand nombre préservés d'atroces souffrances.

Les femmes américaines ont donné là un noble exemple ; nous espérons que les françaises sauront l'imiter au besoin.

En Europe, la position des médecins et des infirmiers appelés à donner des soins aux malades et aux blessés, par rapport aux parties belligérantes, a été sensiblement modifiée par une récente convention internationale.

Beaucoup d'entre nos lecteurs connaissent la brochure de M. Dunant, de Genève, intitulée : *Un souvenir de Solferino*. A la fin de cette brochure, qui établissait d'une manière péremptoire l'insuffisance des secours hospitaliers après de grandes batailles, M. Dunant demandait que des stipulations internationales assurassent la sécurité et la neutralité des infirmiers volontaires qui voudraient suivre les armées et se dévouer au service des malades et des blessés. Cette idée fit son chemin ; une conférence internationale réunie à Genève [1] la discuta, l'approuva et la fit approuver par la très-grande majorité des principales puissances militaires de l'Europe. Il en est sorti un ensemble de stipulations qui ont été observées dans la dernière guerre entre la Prusse et l'Autriche, au grand avantage des blessés. On trouve des détails très-intéressants à ce sujet dans un livre de M. Th. Evans, que nous avons aussi rencontré à l'Exposition [2].

Les institutions militaires prussiennes paraissent avoir été organisées avec l'intelligence qui a présidé à toutes les autres branches du service militaire pendant la mémorable campagne de 1866. La Société centrale prussienne de secours, qui avait déjà fonctionné dans la guerre de Schleswig, devint Société internationale, avec son siége à Berlin et ses correspondants dans toutes les provinces. Ce Comité déploya la plus grande activité et secourut de nombreux blessés, d'abord après le combat de Langensalza, ensuite après la série de combats et de batailles qui suivirent l'entrée des prussiens en Bohême, et surtout après la sanglante bataille de Sadowa. Les

[1] *La charité internationale sur les champs de bataille.* In-12. — 1865. Paris, Hachette.

[2] *Les institutions sanitaires pendant le conflit austro-prussien-italien, suivi d'un essai sur les voitures d'ambulance et d'un catalogue de la collection sanitaire américaine de l'auteur.* In-8°. — Paris, Victor Masson, éditeur.

prescriptions du congrès de Genève furent parfaitement observées et les soldats des deux nations traités avec une égale sollicitude. La Société trouva des secours efficaces et un appui constant dans la sympathie de toutes les femmes prussiennes, et en particulier de la reine.

La reine de Wurtemberg et la grande duchesse de Bade apportèrent aussi tout spécialement leur concours et leur appui aux sociétés et aux comités établis dans leurs pays.

L'Autriche n'avait pas adhéré aux stipulations internationales de Genève, et ses institutions sanitaires sont loin (d'après M. Th. Ewans) d'avoir fonctionné avec l'ensemble et la puissance de celles de la Prusse ; les efforts isolés les plus honorables, auxquels les dames autrichiennes se sont très-noblement associées, n'ont pu suppléer suffisamment à ce qui manquait du côté de l'organisation, et l'on retrouve dans le service sanitaire du gouvernement autrichien la même confusion que dans les opérations de ses armées.

En Italie, le comité de Milan remplit le rôle de comité central pour le nord, et celui de Florence s'attribua les mêmes fonctions pour le sud et le centre ; sous leur direction, la société internationale déploya la plus louable activité, et trouva l'appui le plus efficace dans l'énergie et le dévouement des femmes italiennes.

Nous terminons ici un travail fait trop à la hâte et forcément incomplet, mais qui aura peut-être servi à éveiller l'attention du lecteur sur cette partie de l'Exposi-

tion qui a trait aux choses de la guerre. — Rien n'est
plus propre que le rapprochement de tant d'objets divers
à faire ressortir les contradictions qui existent dans
l'esprit de l'homme, et combien les grandes crises dé-
veloppent chez lui des forces extraordinaires, pour le
bien comme pour le mal. — Le fait brutal de la guerre
est une chose hideuse ; il y a dans le combat une part de
fureur animale qui fait descendre l'homme au rang des
bêtes féroces ; mais il y a aussi dans la possession de soi-
même au milieu des horreurs d'une bataille, dans l'exercice des hautes vertus de l'humanité, du dévouement,
de la charité, de l'abnégation et des sacrifices continuels
pour une cause, une grandeur et une beauté morale,
qui consolent en partie des laideurs de la destruction. —
Quand on a passé en revue tant et de si terribles machines de guerre, ce qu'on trouve de plus remarquable,
ce n'est pas que l'homme les construise, c'est qu'il les
affronte, et si l'esprit est douloureusement affecté, en
pensant qu'elles peuvent devenir, entre les mains des
despotes et des peuples ignorants, des instruments de
servitude et d'oppression pour l'espèce humaine, on
éprouve quelque consolation à découvrir qu'elles sont
encore plus puissantes pour la défense que pour l'attaque;
que l'intelligence et la force morale deviennent de plus
en plus des conditions de succès à la guerre ; que la liberté et la richesse, ces résultats des bonnes institutions
et de la paix, sont de plus en plus indispensables aux
nations qui veulent occuper une position prépondérante
dans le monde ; enfin, que si la guerre, comme tout

paraît le présager, devient un combat de peuple à peuple, dans lequel les masses seront engagées, celui qui vaincra, sera celui qui saura non-seulement se créer la meilleure organisation militaire, ménager le mieux ses ressources, employer ses armes les plus parfaites, mais encore et surtout celui qui saura déployer le plus de force morale, supporter les sacrifices le mieux et le plus longtemps, trouver constamment des forces nouvelles et inépuisables, dans l'amour de la justice, de la liberté, de la patrie, dans le sentiment de son droit et dans la confiance intrépide qui donne la croyance à une vie meilleure, où se retrouveront tous ceux qui, sur cette terre, ont aimé par dessus tout le devoir et l'honneur.

FIN.